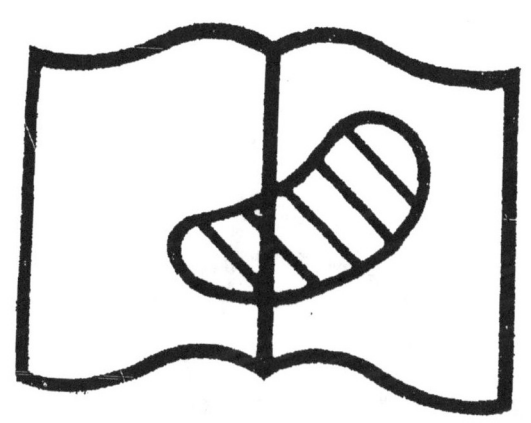

Illisibilité partielle

VALABLE POUR TOUT OU PARTIE DU DOCUMENT REPRODUIT.

Original en couleur
NF Z 43-120-B

LA
BIBLIOTHÈQUE

DE

MLLE GONIN

PAR

FHILIPPE TAMIZEY DE LARROQUE

AGEN

IMPRIMERIE ET LITHOGRAPHIE VEUVE LAMY

43, RUE VOLTAIRE, 43

1885

A Monsieur Léopold Delisle
hommage affectueux
Tamizey de Larroque

LA
BIBLIOTHÈQUE DE MADEMOISELLE GONIN

Extrait de la REVUE DE L'AGENAIS (t. XII)

Tiré à soixante exemplaires qui ne seront pas mis en vente

LA
BIBLIOTHÈQUE

DE

MLLE GONIN

PAR

FHILIPPE TAMIZEY DE LARROQUE

AGEN

IMPRIMERIE ET LITHOGRAPHIE VEUVE LAMY

43, RUE VOLTAIRE, 43

1885

LA BIBLIOTHÈQUE
DE
MADEMOISELLE GONIN

Un ami qui a lu ma petite notice sur l'intrépide vigneron Joseph Gonin, m'a demandé quelques détails sur la collection de livres formée par la fille de mon rustique héros, collection dont j'avais dit, en passant, deux ou trois mots (1). Comme les détails demandés par le cher curieux pourraient intéresser d'autres lecteurs, je viens publiquement causer avec lui des vénérables bouquins de Mlle Gonin. Je dis *causer*, car cet article ne sera qu'une simple et familière causerie accompagnée de descriptions bibliographiques.

Un rapprochement qui s'impose tout d'abord à notre attention, c'est celui-ci : Mlle Gonin a mis autant de zèle persévérant à réunir ses bien aimés vieux livres, que son infatigable père en a mis à créer et soigner le vignoble de Saint-Joseph. Avec une patience et une té-

---

(1). — P. 9 du tirage à part (Agen, 1884). Un de mes plus chers confrères et amis, M. R. Dezeimeris, a rendu compte, dans les *Actes de l'Académie de Bordeaux*, de mon opuscule. Il m'a trop loué pour que je puisse le louer à mon tour, mais je citerai de son compte-rendu, qu'il a intitulé : *Un grand exemple agricole* (Tirage à part. Gounouilhou, 8 p. in-8°), quelques lignes exquises qui donneront à tous le désir de le lire bien vite en entier (p. 4) : « Gonin a voulu être enseveli dans son vignoble, sous son œuvre : il regarde de là ce que font les plus jeunes. Vainqueur, il a, comme le vieil athlète de Virgile, déposé en ce lieu les armes que pendant si longtemps il avait employées au profit des siens et des autres. S'imagine-t-on ce que, pendant ces soixante-dix années, ses bras intelligents et jamais lassés ont fourni de production, de richesse ? Et que n'obtiendrait-on pas d'un admirable pays comme le nôtre, si chacun faisait en sa vie ce que Gonin sut faire après sa soixante-quinzième année ? »

nacité vraiment héréditaires, elle a travaillé, toute sa vie, malgré les plus grandes difficultés, à la formation de sa bibliothèque. Mlle Gonin était encore enfant,. qu'elle adorait déjà la lecture. Mon cher oncle, le général Delmas de Grammont, s'amusait à dire que j'étais né avec un gros volume à la main. La fille du vigneron modèle — (je suis fier de constater entre elle et moi cette ressemblance) — raffolait, dès le berceau, de ces livres qui jusqu'à notre dernier jour nous procureront les fêtes les plus douces. Elle m'a raconté que, toute petite, en Bourgogne, quand elle allait des champs au village et du village aux champs, elle lisait toujours en marchant, même embarassée. comme la Perrette du bon La Fontaine, d'un fragile pot-au-lait. Tant il vrai qu'un livre n'est jamais gênant pour celui qui a la vocation du bibliophile! Et, à ce propos, qu'il me soit permis d'évoquer ici le souvenir d'une aventure personelle qui me parait caractéristique! Il y a bien près de quarante ans, étant à Marmande, je vis chez M. de Saint-Géry un exemplaire des *Fœdera* de Rymer. (C'était l'édition de La Haye, 1734-1745.) Ma curiosité s'alluma et devint aussitôt un feu dévorant. Je demandai la permission d'emporter, sinon le trésor tout entier, du moins les deux premiers volumes, ce qui me fut gracieusement accordé. « Mais, ajouta le propriétaire, avez-vous une voiture à votre disposition ? » — Je souris d'un air vainqueur, je pris chacun des énormes in-folios sous mon bras, et, joyeux, je franchis, sans presque m'en apercevoir, les dix kilomètres qui séparent en droite ligne Marmande de Gontaud. Il me semblait en mon ivresse, que les deux volumes ne pesaient pas une once et je leur appliquais le mot de l'Ecriture sur la légèreté du fardeau que l'on porte avec amour.

Revenons à Mlle Gonin. Elle commença par acheter ces pauvres vieux livres qui, dans sa province natale, les jours de foire et de marché, étaient exposés en plein vent sur une table improvisée à l'aide de trois planches jetées sur deux tréteaux, ou sur le sol même de la place publique. Ils ne coûtaient par cher, ces malheureux bouquins, qui parfois avaient eu fort à souffrir de toutes les intempéries des saisons, tantôt gâtés par la pluie, tantôt brûlés par le soleil, les uns souillés par la poussière, les autres ayant subi les outrages de la boue. Pour quelques sous, Mlle Gonin achetait ces invalides de la librairie. Comme la plus tendre sœur de charité, elle pansait leurs blessures, elle guérissait leurs maux, elle leur rendait, pour ainsi parler, une jeunesse nouvelle. Peu à peu sa petite collection s'augmenta. Chaque jour amenait une trouvaille. Et quelle n'est pas la puissance de l'effort quotidien? On a mis sur les lèvres d'un des plus grands peintres de l'antiquité ce mot qui expliquait la prodigieuse fécondité de son beau génie: *pas un jour sans tracer une ligne!* L'effet sans cesse renouvelé, c'est le moyen d'obtenir à la longue, dans l'ordre physique comme dans l'ordre intellectuel, d'invraisemblables victoires (1).

Quand Mlle Gonin vint habiter Gontaud, les occasions d'achat directs devinrent plus rares et moins avantageuses. Il fallut s'adresser aux bouquinistes des grandes villes et, d'après leurs catalogues, faire venir de Paris, de Lyon, de Bordeaux, etc., les ouvrages destinés à compléter la collection déjà considérable apportée de Bourgogne. D'heureuses rencontres permirent à Mlle Gonin de mettre dans sa volière quelques-uns de ces oiseaux rares, de ces *merles blancs*, que les bibliophiles appellent leurs *desiderata*. A force de chercher et à force d'attendre, elle arriva, de bonne fortune en bonne fortune,

---

(1). — M. R. Dezeimeris (opuscule déjà cité) a signalé (p. 2) les magnifiques résultats de « la besogne qui se répète exactement chaque jour ». J'aime à rapprocher de cette citation deux autres citations frappantes empruntées à deux publications toutes nouvelles. M. René Kerviler, l'excellent historien de l'Académie française, dit à ses enfants, en leur dédiant sa *Bibliographie chronologique*, composée de 112 articles (Saint-Nazaire, décembre 1884, in-8° de 30 p.) : « Je n'ai pas voulu que vous ignoriez ce que peut produire la continuité soutenue du travail. Rappelez-vous, toute votre vie, qu'une heure par jour donne par an 365 heures, c'est-à-dire 36 journées de dix heures, ou un mois et demi de travail plein. On m'a souvent demandé comment je pouvais allier une pareille fécondité littéraire avec mes devoirs professionnels. Là est tout mon secret. » D'autre part un éminent bibliophile, M. Emile Picot, dans la touchante notice qu'il consacre au baron James de Rothschild en tête du tome Ier de l'inappréciable *Catalogue des livres* de ce dernier (Paris, 1884, grand in-8°, p. 11) répond ainsi à ceux qui ont demandé comment le très regretté possesseur d'une des plus belles bliothèques connues (mort à 36 ans) a pu suffire à de si nombreux travaux: « C'est qu'il avait un ordre et une méthode inflexibles. Quand il avait entrepris un ouvrage quelconque, il n'eût voulu pour rien au monde laisser passer un seul jour sans y consacrer au moins quelques instants. S'il copiait un mystère, il ne se serait jamais couché sans avoir transcrit, ne fût-ce que vingt ou trente vers, pour *sauver le principe*. Il avait sans doute relu bien des fois l'épître dans laquelle le vieux Jehan Bouchet insiste sur les résultats inattendus que peuvent produire quelques heures d'un travail quotidien. »

à posséder une bibliothèque vraiment remarquable et où l'on trouve force vieux livres qui manquent à nos dépôts publics les plus renommés.

Pour que l'on ne me soupçonne pas d'exagération, je vais citer, à la louange de la collection de M⁽ˡˡᵉ⁾ Gonin, trois faits dont j'ai été le témoin et qui sont plus éloquents que toutes les phrases du monde.

Il y a deux ans, j'avais le bonheur de donner l'hospitalité à M. l'abbé Louis Bertrand, directeur au grand séminaire de Bordeaux, le biographe de *Laurent Josse Le Clerc* et l'auteur de tant de savoureux articles historiques et bibliographiques dont la réunion prochaine en un fort volume — fort de toute façon — constituera un festin digne des gourmets les plus délicats (1). Un des moindres mérites de mon savant ami, c'est d'être un bibliophile accompli. Il préparait alors un des articles dont je viens de parler et il m'exprimait le regret de n'avoir trouvé ni dans la riche bibliothèque du grand séminaire, dont il est depuis plus de vingt ans le conservateur, ni dans la bibliothèque plus riche encore de la ville de Bordeaux, un livre rarissime du xvɪɪᵉ siècle, qui lui était indispensable. « Je m'énorgueillis, lui dis-je, de constater que ma petite ville natale va vous fournir l'ouvrage que la spendide ville de Bordeaux n'a pu mettre à votre disposition. » Un quart d'heure après, mon cher hôte tenait entre ses mains frémissantes d'enthousiasme le bouquin qu'il avait tant cherché, et Dieu sait s'il en tirait parti !

Un an plus tard, ma maison avait l'honneur d'abriter une femme qui joint à la plus délicate modestie un talent et un savoir hors ligne. M⁽ˡˡᵉ⁾ Marie Pellechet, l'auteur d'un ouvrage qui, sous le simple titre de *Notes sur les livres liturgiques des diocèses d'Autun, Chalon et Mâcon* (Paris, Champion, 1883, grand in-8° de XII, 537 pages), est un monument (2), tint à voir la collection de M⁽ˡˡᵉ⁾ Gonin ; elle passa

---

(1). — Grand in-8° de 550 pages environ, intitulé : *Mélanges de biographie et d'histoire* (Bordeaux, librairie Féret). Une seule chose m'inquiète : l'ouvrage n'est tiré qu'à 50 exemplaires et je me demande si, comme à la première représentation du Cid, il n'y aura pas quelques personnes étouffées parmi celles qui, le jour de la mise en vente, encombreront les abords de la librairie Féret.

(2). — Ce n'est ici ni l'*ami*, ni le *gascon* qui parle, c'est l'interprète des juges les plus compétents qui ont examiné cette œuvre bénédictine. Qu'il

plusieurs heures dans l'étude admirative de cette collection, y remarquant une foule de volumes qu'elle n'avait pas encore eu le plaisir de rencontrer dans ses voyages d'explorations bibliographiques, et tirant de ces volumes si rares de précieuses indications, comme une vaillante abeille — la comparaison était inévitable — tire des fleurs exquises un suc délicieux. Parmi les bouquins qui obtinrent le plus de succès auprès de M¹¹ᵉ Pellechet, je mentionnerai un ancien catéchisme du diocèse d'Autun (1748), qui manque, — et c'est tout dire — à la bibliothèque spéciale d'un très distingué collectionneur et érudit du département de Saône-et Loire, M. de Fontenay.

Enfin, il y a quelques mois seulement, je reçus la visite imprévue et presque comparable à celle d'un aérolithe — car mon nouvel hôte me sembla tout d'abord tombé du ciel — je reçus, dis-je, la visite d'un Révérend père Capucin qui s'occupe avec le zèle le plus ardent de la biographie d'un de ses confrères d'autrefois, le P. Ambroise de Lombez (1). Le R. P. Joseph (dans le monde M. de Bénéjac) venait tout exprès à Gontaud pour me demander communication de ce que je pouvais avoir recueilli sur la vie et les œuvres de l'auteur du *Traité de la paix intérieure*. Il m'était pénible d'être obligé de répondre à un saint homme qui était venu à moi — et de si loin — avec tant de confiance : « *Hélas ! Je n'ai rien pour vous.* » Au moment où j'allais pourtant, à la fois victime et bourreau, faire éprouver au bon Père le supplice d'une aussi cruelle déception, je pensai à la bibliothèque de M¹¹ᵉ Gonin, comme à une source bienfaisante où mon visiteur pourrait se désaltérer à son aise. Nous nous élançâmes aussitôt vers cette source en quelque sorte providentielle, et quelle ne fut pas la joie de mon respectable compagnon de course en découvrant, lui l'éditeur des œuvres du célèbre écrivain ascétique, une

---

me suffise de dire que dans la *Revue critique* elle-même, le recueil aux *rigueurs à nulle autre pareilles*, le recueil proverbialement terrible, on a déclaré (n° du 26 janvier 1885, p. 66) que c'est « un des livres de bibliographie les plus extraordinaires », que l'auteur a réuni des renseignements « qui surprennent par leur étendue et leur variété, » qu' « il a tout vu, tout lu, tout recueilli, » qu' « il semble qu'aucune bibliothèque ne soit restée en dehors de ses investigations. »

(1). — Voir dans la *Revue de Gascogne* de décembre 1882 (p. 539-546) un très intéressant article sur *Ambroise de Lombez*, par M. Jules Frayssinet.

édition qu'il ne possédait pas des *Lettres spirituelles* de son héros! Mlle Gonin eut le mérite d'accomplir, en ces circonstances, une bonne action dont bien peu de bibliophiles seraient capables. Elevant sa charité jusqu'au degré où commence le sacrifice, elle abandonna son exemplaire à l'heureux capucin. Espérons que Saint Joseph, patron à la fois de ce religieux et du fameux vignoble, tiendra compte à Mlle Gonin du déchirement de cœur avec lequel elle se sépara du rarissime volume, et qu'il obtiendra pour elle toutes sortes de dédommagements et de récompenses, soit sous la forme de bouquins encore plus précieux, soit sous la forme de raisins aussi abondants et aussi beaux que ceux de la Terre promise !

La collection qui a été si utile aux aimables et savantes personnes que je viens de nommer, m'a rendu mille services et je ne puis en parler sans une vive reconnaissance. Quand je voulus publier la correspondance du cardinal d'Armagnac avec Jacques de Germigny, baron de Germoles, ambassadeur de France à Constantinople (de 1579 à 1584) (1), je ne manquai pas, selon mon habitude, de dresser, d'après mes souvenirs, mes notes, mes recueils imprimés, la liste des ouvrages à consulter sur la biographie du diplomate bourguignon. Parmi ces ouvrages, la *Bibliothèque historique de la France* m'indiquait en première ligne l'*Illustre Orbandale ou l'histoire ancienne et moderne de la ville et cité de Châlon-sur-Saône*, etc., par le P. Léonard Bertaut (Lyon 1662, 2 vol. in-4°). Mais où trouver l'*Illustre Orbandale*? J'aurais en vain fatigué de mes cris tous les échos du Sud-Ouest. A mes pressantes demandes, on aurait répondu avec un touchant ensemble : « Inconnu votre *Illustre Orbandale* ! » Seule probablement en Gascogne, Mlle Gonin possédait les deux volumes où je fis une superbe moisson. Plus tard, désireux d'étudier un dramatique épisode de l'histoire de Provence, la condamnation et le supplice de Louis Gaufridi, à propos d'une autre affaire de sorcellerie dont il est question dans les lettres de Peiresc, je n'ai eu qu'à étendre le bras pour saisir un volume des plus rares et rempli de plantureuses informations, volume dont un exemplaire s'est récemment vendu dix fois plus cher que n'avait été payé celui de Mlle Go-

---

(1). — *Le cardinal d'Armagnac et Jacques de Germigny, documents inédits*, dans la *Revue des questions historiques* de janvier 1883. Il en a été fait un tirage à part à très petit nombre d'exemplaires.

nin (1). C'est encore son inépuisable bibliothèque qui m'a fourni les deux traductions publiées par François de Belleforest, dont je me suis occupé dans la *Revue de Gascogne* (2) et qui constituent probablement les deux coins les moins connus de l'immense domaine littéraire cultivé par l'archi-fécond polygraphe Commingeois. Enfin, ces jours derniers, j'y ai consulté avec le plus grand profit, pour l'annotation de lettres inédites de ce savant ami de Descartes, que Voltaire, par un mauvais jeu de mots indigne de son incomparable esprit, appelait le *très minime* Minime Mersenne (3), une plaquette

---

(1). — Comme le titre de ce volume n'est pas complet dans le *Manuel du Libraire* (t. II, col. 803, article *Domptius*), je vais le reproduire *in extenso* malgré son extrême longueur : *Histoire admirable de la possession et conversion d'une penitente. séduite par un magicien, la faisant sorcière et princesse des sorciers au païs de Provence, conduite à la saincte Beaume pour y estre exorcizee l'an* M.DC.X *au mois de novembre, soubs l'authorité du R. P. F. Sebastien Michaelis, prieur du convent royal de la Saincte-Magdeleine à Saint-Maximin, et dudit lieu de Saincte-Baume, commis par luy aux Exorcismes et recueil des Actes de R. P. François Domptius, docteur en théologie en l'Université de Louvain, Flamant de nation, résidant au susdit convent de Saint-Maximin, soubs la discipline regulière et Reformation de l'Ordre des Freres prescheurs : le tout fidèlement recueilly, et tres bien verifié. Ensemble la Pneumalogie, ou discours des Esprits du susdict P. Michaelis, reveu, corrigé, et en ceste troisiesme edition augmenté par luy mesme, avec une Apologie explicative des principales difficultez de l'Histoire et Annotations.* (Avec cette épigraphe : *Erubescant impii et deducantur in infernum, muta fiant labia dolosa. Psalm. 30). Edition troisiesme et dernière. A Paris chez Charles Chastellain, rue Saint-Jacques, à la Constance, devant Saint Yves* M.DC.XIIII. *Avec privilege du Roy.* in-8° de 352 — 124 — 196 p.

(2). — Tome XXV, p. 249 et tome XXVI, p. 49. La première de ces traductions est celle d'un traité de Guevare (*Livre du mont de Calvaire*, Lyon, 1593, in-8°); l'autre est celle du livre de Victor, évêque d'Utique (*L'histoire des persécutions faites en Afrique par les Ariens*, Paris, 1563, in-8°).

(3). — Ces lettres sont destinées à figurer dans la série des notices et documents intitulés les *Correspondants de Peiresc*. J'aime à rappeler que c'est pour la *Revue de l'Agenais* qu'a été forgé le premier anneau de cette longue chaine (Dubernard. *Une lettre inédite écrite d'Agen à Peiresc en 1628*. Agen, 1879). Le dernier des fascicules publiés jusqu'à ce jour porte le n° VIII (*Le cardinal Bichi, évêque de Carpentras. Lettres inédites écrites à Peiresc (1632-1637), suivies de diverses lettres adressées au même savant relatives au Contat Venaissin et à la principauté d'Orange*. Marseille, 1885. J'espère publier, cette année, deux nouveaux fascicules et deux autres, l'an prochain, tout cela en

fort curieuse que j'avais eu jadis à peine le temps de parcourir à la Bibliothèque Nationale et que j'ai été bien heureux de pouvoir savourer à mon aise (1).

Combien d'autres volumes mériteraient notre attention ! Je citerai particulièrement, en ce qui regarde le XVIe siècle :

L'Histoire Apostolique d'Abdias, premier evesque de Babylon, institué par les Apostres, tournée d'Hebreu en Grec par Eutrope, puis en latin par Jule Africain aussi evesques (sic), *et nouvellement traduitte en nostre vulgaire.* Paris, chez Guillaume Guillard et la veufve Amory Vuazancore, à l'enseigne Saincte-Barbe, en la rue Saint-Jacques, 1564, 1 volume in-12.

Cette traduction d'un ouvrage apocryphe autant que fameux n'a pas été mentionnée dans le *Manuel du libraire*, quoique presque introuvable. Barbier (*Dictionnaire des ouvrages anonymes*) n'a pas cherché à nous faire connaître le traducteur de 1564. C'est l'occasion, à propos d'anonymes, de rappeler que j'ai naguères donné, dans le *Polybiblion*, une assez longue liste de bouquins de la collection de Mlle Gonin, dont Barbier et ses continuateurs n'ont pas dévoilé les auteurs. M. Techener, dont cette liste avait attiré l'attention, a exprimé la crainte (*Chronique du Bulletin* du *Bibliophile*), que l'on ne parvînt jamais à délier les cordons d'aussi vieux masques. Mais, en bibliographie comme en toute autre affaire, il ne faut jamais se désespérer trop tôt, et j'attends, la tête appuyée sur l'oreiller d'une douce confiance, la prochaine édition fort augmentée du *Dictionnaire des ouvrages anonymes.*

SAINT-AUGUSTIN : *De la Cité de Dieu contenant le commencement et procez d'icelle cité avec une deffence de la Religion chrestienne contre les erreurs et medisances des Gentils, heretiques et autres ennemis de l'Eglise de Dieu, illustrée des commentaires de Jean Louis Vives de Valance, le tout fait français par Gentian Hervet d'Orléans, chanoine de Rheims, et enrichie de plusieurs annotations des histoires anciennes et modernes par François de Belleforest, Comingeois,*

---

attendant l'impression de la correspondance même de Peiresc. C'est ce que l'on appelle peloter en attendant partie.

(1). — *La vie du R. P. Marin Mersenne, théologien, philosophe et mathématicien de l'ordre des Pères Minimes par* F[rère] H[ilarion] D[e] C[oste]. Paris, Cramoisy, 1649, in-8°. L'exemplaire de Mlle Gonin est recouvert de ce parchemin aux tons ambrés qui est si agréable à l'œil des bibliophiles.

avec une table des choses plus memorables ordonnée par lieux communs, le tout mis en françois par Jacques Tigeou, Angevin, docteur en théologie. Paris, Michel Sonnius, rue Saint-Jacques, à l'escu de de Basle, 1585, in-folio.

Brunet, qui a cité les traductions de la *Cité de Dieu* par Raoul de Presles, par P. Lombert, par l'abbé Goujet, par L. Moreau, par Emile Saisset, n'a pas connu notre traduction. M. Cél. Port la mentionne dans son excellent *Dictionnaire historique, géographique et biographique de Maine-et-Loire* (t. III, 1878, article *Tigeou*, p. 5891, mais avec la date de 1584.

Deux livres de la haine de Sathan et malins esprits contre l'homme et de l'homme contre eux, où sont par notables discours et curieuses recherches expliquez les arts, ruses et moyens qu'ils pratiquent pour nuyre à l'homme par charmes, obsessions, magie, sorcellerie, illusions, phantosmes, impostures et autres estranges façons, avec des remèdes convenables pour leur résister suivant l'usage qui se pratique en l'Eglise, par vénérable Père P. Pierre Crespet, *prieur des Célestins de Paris, A Monseigneur le duc de Mayenne.* Paris, chez Guillaume de la Nouë, rue Saint-Jacques, 1590, 1 vol. in-12.

Voir sur le P. Crespet l'article du *Moréri*, l'article de Niceron (tome XXIX des *Mémoires*). Weis, dans la *Biographie universelle* parle ainsi de l'ouvrage que je viens de citer : « C'est un traité contre la magie. Il est assez rare, et curieux à raison de la crédulité qu'y montre l'auteur. » *Assez rare !* ce n'est pas assez dire. L'ouvrage ne se trouve plus. Je reviens à la crédulité de l'auteur pour me permettre une plaisanterie que l'on me pardonnera, je l'espère : comment donc se montrait si naïf un homme de *sens ?*

La pomme de Grenade mystique, ou institution d'une vierge chrestienne, et de l'âme dévote qui fait profession de la vie continente et de l'estat de perfection pour se disposer à l'avènement de son époux Jésus-Christ, de l'appareil, recueil, traitement, giste et logis qu'elle luy doit préparer, par le même. Lyon, chez Thomas Soubron, 1592, 1 vol. in-18.

Le bon Père Crespet a tiré le titre bizarre de son livre de ce verset du *Cantique des cantiques* qui sert d'épigraphe au volume : « Tes plantes sont comme un paradis de pommes de Grenade. » Le traité, consacré à la glorification de la Virginité, a eu beaucoup de vogue autrefois : Brunet, qui n'a pas connu notre édition, indique (t. II, col. 754) deux éditions de Paris (1585 et 1595), une édition de Rouen (1605), une de Lyon (1609), laquelle se compose de plus de 700 pages. Ouf ! Brunet cite de Crespet un autre volume fort rare : *Discours sur la vie et passion de sainte Catherine ;* plus *un traité encomiastique de l'estat et excellence de virginité et chasteté* (Sens, 1577, in-16). Entre les mains de Mlle Gonin est un autre ouvrage du même auteur, mais du commencement du XVIIe siècle : *Suite des discours catholiques, de l'origine, de l'essence, excellence, fin et immortalité de l'âme. Entremeslés de digressions notables sur diverses matières occurrentes, curieusement recherchées, et colligées de divers autheurs, Hébreux, Grecs et Latins, tant théologiens que profanes et ethniques, tant anciens que modernes ; desquels les noms sont fidèlement cottez, par F.* Pierre Crespet, *Celestin de Paris, et prieur du Couvent des Celestins de Soissons.* (Paris, Toussaint du Bray, au Palais, 1604, 2 vol. in-12 de 494 et 493 feuillets (sans les pièces liminaires et les tables.) Ces deux volumes, dont l'un est dédié au roi, l'autre au chancelier de Cheverny, portent une approbation datée du 1er avril 1587. Chacun des volumes est orné de sonnets où l'admiration complaisante des amis de l'auteur se donne libre carrière.

Les batailles et victoires du chevalier Céleste, contre le chevalier Terrestre, l'un tirant à la maison de Dieu, et l'autre à la maison du Prince du monde chef de l'Eglise maligne. Avec le terrible et merveilleux assault donné contre la saincte cité de Iérusalem, figurée à nostre mère saincte Eglise environnée des ennemis de la Foy. Nouvellement reveu par M. Artus Desiré, *autheur de ce presant livre.* Paris, par Jehan Ruelle, rue Saint-Jacques, 1557. 1 vol. in-16.

Brunet qui nous fournit beaucoup de détails sur les œuvres du poète Artus Désiré (t. II, col. 627-631), n'a pas vu l'édition de 1557 ; il ne la cite que d'après l'abbé Goujet, à la *Bibliothèque françoise* duquel (t. XIII, p. 129-143) je renvoie ceux qui voudraient connaitre un très bon catholique, mais un très mauvais poète.

Les œuvres de Saint-Justin, *philosophe et martyr, mises de grec en françois par* Jean de Maumont, *dédiées au cardinal de Lorraine.* Paris, de l'imprimerie de Michel de Vascosan, demeurant rue Saint-Jacques, à l'enseigne de la Fontaine, 1554, in-folio.

Reproduisons ce petit avis au lecteur qui accompagne le titre : « Les traitez dudict autheur qui se trouvent aujourd'huy, lesquels ont esté prins de la librairie du feu Roy François, sont escripts et nommez cy après en la page qui suit le prologue ». Brunet n'a indiqué le volume de 1554 ni sous le mot *Justin*, ni sous le mot *Maumont*. On peut voir sur ce dernier écrivain une note de mon édition des *Sonnets exotériques de Gérard Marie Imbert* (Bordeaux, 1872, p. 76), complétée à l'*Appendice* (p. 99) par un extrait d'un manuscrit de Baluze.

Lactance Firmian, *des divines institutions, contre les gentils et idolatres. Traduit de latin en françois, et dedié au tres chrestien Roy de France, par* René Fame, *notaire et secretaire dudit Seigneur, nou-*

vellement imprimé à Paris. On les vend à Paris, en la grande salle du Palais, en la bouticque de Galliot du Pré, libraire juré de l'Université. 1542, in-folio.

Edition princeps signalée dans le *Manuel du libraire*. Si nous n'avons pas, cette fois, une lacune à reprocher à Brunet, nous lui reprocherons une addition, bien petite, il est vrai, l'addition d'un accent sur l'*e* du nom du libraire. Ce nom doit s'écrire *Fame* et non *Famé*. Je serais un ingrat et je commettrais un péché d'omission bien plus grave que tous ceux qui viennent d'être déjà relevés en ces notes, si je ne disais pas que je dois à la générosité de Mlle Gonin un exemplaire d'une autre édition de la traduction de R. Fame : *A Lion, par Ian de Tournes, et Guil. Gazau*. 1555, in-16. L'extrême rareté de cette édition rend ma gratitude encore plus profonde. Mlle Gonin possède aussi la traduction du *Traité de la mort des persécuteurs de l'Eglise* « par M. Maucroix, chanoine de l'Eglise de Reims » (Paris, 1680, in-12).

Meditations chrestiennes sur les sept Psalmes de la Penitence du Prophète Royal David, mises en vers françois, sur la prose d'un docte personnage de ce temps, par Pierre Tamisier, *Président en l'election de Masconnois. Plus une meditation sur le Psalme cinquantiesme : Miserere mei Deus, traduit du latin de F. Jerome Savonarole, Ferrarois par ledit* Tamisier. Paris, pour Abel l'Angelier, 1588, in-12.

Publication inconnue à Brunet. Ce savant bibliographe cite, en revanche, un recueil de *Cantiques, hymnes, prières des saints pères, patriarches*, etc., *le tout mis du latin en vers françois* par le même auteur (Lyon, Benoist Rigaud, 1590, in-12). L'auteur du *Manuel du Libraire* ajoute que « ces poésies de Tamisier sont assez recherchées ». Les *Méditations chrétiennes*, qui sont encore plus rares, doivent être encore plus recherchées.

La constance et consolation ès calamitez publiques [par G. du Vair]. Seconde édition reveue et corrigée. Paris, chez Abel l'Angelier, 1595, in-12.

Toutes les éditions du xvie siècle des traités de Du Vair sont peu communes. Le traité *de la Constance* se trouve plus difficilement que tous les autres. Ce fut celui qui eut le plus de succès. M. E. Cougny (*Guillaume Du Vair. Etude d'histoire littéraire*, Paris, 1857, p. 113) a dit : « C'est l'œuvre capitale de Du Vair : il y a mis tout son esprit et tout son cœur. »

L'esguillon de l'amour divin de saint Bonnaventure mis en françois par B. de Vigenere, *dédié au Roy*, Lyon, Jacques Roussin, 1592, 1 vol. in-18.

Les livres rares du xvii⁰ siècle abondent dans la bibliothèque de Mlle Gonin. Je vais en examiner quelques-uns seulement :

Traité des hérésies contenant les causes des hérésies, les mœurs et artifices des anciens hérétiques et les déguisements dont ils ont usé pour répandre le venin de leurs erreurs, les antidotes et remèdes que l'Eglise a employez contre la contagion de l'hérésie, ensemble le dénombrement des hérésies qui se sont élevées dans l'Eglise depuis le commencement de la publication de l'Evangile jusqu'au siècle présent, le tout recueilly des Saints Pères et de l'Histoire ecclésiastique par Louis ABELLY (Paris, 1661, in 4°).

On trouve chez Mlle Gonin deux autres ouvrages de celui qui fut vicaire général de Bayonne avant d'être évêque de Rodez, de celui que l'auteur du *Lutrin* surnomme le *moëlleux* Abelly : *La couronne de l'année chrétienne* (édition de Lyon, 1678, 2 vol., in-12), ouvrage qui ayant fort ennuyé les lecteurs, fut plaisamment appelé par eux *Couronne de pavots* ; les *Sentimens des Saints-Pères et Docteurs de l'Eglise touchant les excellences et prérogatives de la très sainte Vierge*. Seconde édition augmentée, Paris, 1675, in-8°. Il y aurait un quatrième ouvrage à citer, la *Vie de saint Vincent de Paul*, s'il n'était démontré que, pour cet ouvrage, Abelly ne fut que le prête-nom de M. Fournier, secrétaire de la congrégation de la Mission. Voir, sur ce point, mon compte-rendu des *Lettres de saint Vincent de Paul* dans la *Revue de Gascogne* de mars 1882 (p. 139).

Le parfait dénuement de l'âme contemplative dans un chemin de trois jours, par lequel Dieu nous appelle à la solitude intérieure afin que nous nous consacrions à lui dans la plus haute contemplation, avec un traité des Extases, Ravissemens, Révélations et illusions par le R. P. ALEXANDRIN DE LA CIEUTAT, prédicateur capucin. Seconde édition corrigée et augmentée par l'autheur. Marseille, 1681, in-12.

L'homme intérieur selon l'esprit du bienheureux François de Sales, par le R. P. ALIPPE DE LA VIERGE MARIE, Augustin déschaussé, prédicateur. Lyon, 1657, in-4°.

Le Sacré mont d'Olivet, ou le Paradis de la Religion du séraphique Père Saint François par F. ELZEAR L'ARCHER. Paris, 1614, in-12.

Les vies des Saint Pères du désert, etc. par Arnauld d'Andilly. Paris, 1653, 2 vol. in-4°.

Arnaud d'Andilly est brillamment représenté par ses livres dans la collection de Mlle Gonin, car on y voit encore ses *Vies de plusieurs saints illustres de divers siècles* (Paris, 1688, 2 vol. in-8°), sa traduction des *Œuvres du bienheureux Jean d'Avila* (Paris, 1663, in-f°), sa traduction de l'*Histoire des*

Juifs de Flavius Josèphe (Amsterdam, 1700. in-f°), enfin sa traduction des *Œuvres de sainte-Térèse* réimprimée de nos jours (Limoges, 1840, 5 vol. in-12). Parmi les six autres ouvrages consacrés à la vie ou aux œuvres de celle qui fut, à force d'amour et de divination, un des plus admirables docteurs de l'Eglise, on distingue celui-ci : *La vie de la séraphique mère Saint Térèse de Jésus, fondatrice des Carmes déchaussez et des Carmélites déchausséese en figures et en vers français et latins* (Grenoble, 1678, in-12).

Le sacré flambeau contenant la merveille des merveilles de Dieu dans les augustes mytères du Saint Sacrifice de la messe, très utile au prêtre pour les célébrer avec ravissement et à celui qui les oyt pour y assister avec toute sorte d'admiration, par François Arnoux, chanoine en l'église cathédrale de Riez, Lyon, 1618, in-12°.

Ce Chanoine, que Weiss, dans la *Bibliographie Michaud*, métamorphose en avocat, aimait à donner à ses livres des titres étranges. Citons de lui, par exemple, l'*Ercule Chrestien* (Lyon, 1617, 2 vol. in-12) et l'*Echelle du Paradis* (Rouen, 1640, in-12). Mlle Gonin possède, en outre, trois traités de Fr. Arnoux, du même format, mais aux titres plus simples: *Merveilles de l'autre monde* (Lyon, 1612), *Du Paradis et de ses Merveilles* (Lyon 1627), *Pratiques Spirituelles* (Lyon, 1627).

Chauffoir Spirituel pour y rechauffer l'âme refroidie en l'amour de Dieu, etc., par le R. P. Jean d'Assigniés, abbé de Nizelles, Douay, 1639, 1 vol. in-12.

Saint Jérome ou la science du très grand docteur de l'Eglise, par le R. P. Augustin de Narbonne, *prédicateur capucin*. Toulouse, 1694. in-12.

Le Médecin Spirituel, composé en langue italienne, par le R. P. Aquaviva, *de la compagnie de Jésus et nouvellement traduit en françois*, par le R. P. Pierre Parcilly, *Cordelier, livre fort utile à tous ceux qui ont charge d'âmes et autres qui seront demandez pour exhorter toute personne détenüe tant en infirmité de maladie, que ceux qui seront condamnez par la justice de perdre la vie de quelque genre de mort que ce soit, où le lecteur pourra voir plusieurs beaux exemples de similitudes tirés de la Sainte-Ecriture, pour servir aux curés, vicaires et confesseurs de quelque ordre qu" ce soit*. Paris, 1625, in-12.

Somme de la théologie morale et canonique, composée en Espagnol par le R. P. Henri de Villalobos, *religieux de l'Observance régulière de Saint-François, professeur en théologie*, etc , *traduite en françois par le* R. P. Léon Bacoue, *théologien du même ordre, de la province de Guyenne.* Divisée en deux parties, Paris, 1650, 1 vol. in-folio.

Sur Léon Bacoue (de Casteljaloux), évêque de Glandève, puis de Pamiers, voir les *Lettres de Jean Chapelain, de l'Académie française* (t. II, 1883, p. 560). Je m'occuperai de nouveau de notre saint compatriote en publiant bientôt une importante lettre inédite de lui.

Somme des péchez qui se commettent en tous estats, de leur condition et qualitez et en quelles occurences ils sont mortels ou véniels, par le R. P. Bauny, *de la compagnie de Jésus*. 4me Edition revue et corrigée par l'auteur, Paris, 1636, 1 vol. in-12.

Exercice religieux, utile et profitable à toute âme religieuse qui désire s'avancer à la perfection, avec plusieurs méditation et enseignements fort salutaires pour la conduire à cette fin, par dame Françoise de Beauviller, *abbesse d'Avenay*, dédiée à ses filles religieuses. Paris, 1620, 1 vol. in 12.

Le portrait sacré des filles illustres de Saint-Benoit avec les entretiens curieux sur la conduite de leur vie, composé par Messire François Bachelard, *prêtre prieur de Saint-Julien, docteur en théologie*, etc., Lyon, 1670, 1 vol. in-4° (avec portrait.)

Sermons méditatifs du dévot père Saint-Bernard, abbé de Clervaux, sur le Cantique des Cantiques, traduicts du latin en françois, par sœur F. O. *religieuse du royal monastère de Saint Louis de Poissy*, Paris, 1623, 2 vol. in-12.

L'ouvrage est dédié à « très noble et très illustre dame, madame Jeanne de Gendy, prieure au Royal Monastère de Saint Loüys de Poissy.» Les autres ouvrages de saint Bernard ou sur saint Bernard sont au nombre de 9. Presque tous les Pères de l'Eglise ont une belle part dans la collection de Mlle Gonin. Le nom de saint Augustin brille en tête de 7 ouvrages dont deux traductions des *Confessions* (celle de A. Hennequin,) 1626, in-12 et celle du P. Simon Martin, 1639, in-12) et une récente traduction des Œuvres complètes (Bar-le-Duc, 17 vol. in-4°). Signalons encore, pour saint Basile, 4 ouvrages, pour saint Jean Chrysostome, 8 ouvrages, pour saint Jérome, qui est un disgracié, 2 seulement.

Les œuvres de l'Éminentissime et Révérendissime Pierre cardinal de Bérulle, instituteur et premier supérieur de la Congrégation de l'Oratoire etc., enrichies de sommaires et de tables par les soins du R. P. François Bourgoing, *supérieur général de la même congrégation,* seconde édition, 1657. 1 vol. in-folio.

Citons encore un traité spécial de Pierre de Bérulle (*Discours de l'Etat et des Grandeurs de Jésus, etc.* seconde édition, Paris, 1623, in-8º) et sa *Vie*, par Germain Habert, *abbé de Cerisy* (Paris, 1646, 1 vol. in-4º). La noble congrégation de l'Oratoire a fourni beaucoup de solides ornemens à la Bibliothèque de Mlle Gonin. On y voit notamment le *Nouveau-Testament* du P. *Amelote* (Paris, 1688, 2 vol. in-4º), divers ouvrages des Pères Bourgoing, Cloyseault, Ch. de Condren, Malebranche (*Traité de morale*, 1684), Senault. Le bagage littéraire de ce dernier écrivain est là presque au grand complet, car on n'y trouve pas moins de six de ses ouvrages.

Sommaire des vies des Fondateurs et Réformateurs des ordres religieux, avec leur Institution et Réformation, enrichies de leurs pourtraicts en taille douce par le R. P. Louis Beurier, *Religieux profez des Célestins de Paris.* Paris 1635, 1 vol. in-4º, velin.

L'auteur du *Manuel du Libraire* constate (t. I, col. 836) que cet ouvrage « n'est pas commun. »

Consolation et réjouissance pour les malades et personnes affligées par le R. P. Etienne Binet, *de la Compagnie de Jésus.* Dédié à Mgr le Cardinal de La Roche-Foucaut, grand aumônier de France, 7ᵉ édition, revue et augmentée. Rouen, 1624, un vol. in-12.

La vie miraculeuse de la Séraphique et dévote sainte Catherine de Sienne avec ses divines méditations sur la Passion de Notre-Seigneur, traduit d'italien en françois, par le R. P. Blanconc, *tolozain.* Paris, 1607, 1 vol. in-12.

Citons, à côté de cette biographie, la *Doctrine spirituelle descripte par forme de dialogue de l'excellente vierge sainte Catherine de Sienne... le tout traduit d'italien en françois et revu par les Pères Religieux d'iceluy ordre de Saint-Dominique du Couvent de Paris* (Paris, 1580, 1 vol. in-8º).

Consolation de la philosophie, traduite du latin de Boëce en françois, par le R. P. de Ceriziers, *de la Compagnie de Jésus.* Seconde édition. Paris, 1636, 1 vol. in-4º.

Entretiens solitaires ou prières et méditations pieuses en vers françois, par Guillaume de Brébeuf. Lyon, 1674, 1 vol. in-12.

Brunet, qui cite les éditions de 1660 et de 1670, n'a pas connu celle-ci.

Epistres théologiques sur les matières de la prédestination, de la grâce et de la liberté, où la neutralité dans les diverses opinions du temps est observée et maintenue, etc., par Jean-Pierre Camus, *évêque de Belley*. Paris, 1652, 1 vol. in-12.

Indiquons un autre volume de l'ami de saint François de Sales, volume formé de cinq opuscules théologiques publiés à Paris en 1642, moins un qui est de 1641. En voyant ce recueil, qu'accompagnent tant d'autres recueils de tout genre, on s'explique bien le joli mot de Sainte-Beuve sur la *plume de vraie pie* de cet auteur auquel on n'a pas craint d'attribuer la paternité de plus de deux cents bouquins. Voir quelques détails sur la prodigieuse fécondité de Camus dans la petite notice dont j'ai fait précéder deux de ses lettres inédites (*Bulletin* d'Aubry, n° du 1er avril 1870, p. 179).

La Sagesse évangélique pour les Sacrez entretiens du Carême, par le R. P. Nicolas Caussin, *de la Compagnie de Jésus*. Lyon, 1677, 1 vol. in-12, et la *Cour Sainte*, par le même. Lyon, 1668, 5 vol. in-12.

Signalons, de plus, cet ouvrage du confesseur de Louis XIII : *Traité de la Conduite Spirituelle selon l'esprit du bienheureux François de Sales* (1649, 1 vol. in 12). Le saint évêque de Genève n'a pas été négligé par Mlle Gonin. Autour de ses *Œuvres complètes* (Paris, 1652, 1 vol. in-f°) sont rangés plusieurs de ses traités spéciaux (éditions de 1608, 1617, 1636) et les livres composés sur lui par son neveu Charles Aug. de Sales (Lyon, 1720, 1 vol. in-4°), par l'abbé Adrien Gambart (1664, 1 vol. in-12), par J. P. Camus (Paris, 1747, 1 vol. in-8°).

Le Thresor des histoires de France réduites par titres en forme d'annotation et partie par lieux communs, revue et de beaucoup augmentée en cette édition, par Gilles Corrozet. Paris, 1613, 1 volume in-12.

Rapprochons du petit livre de Corrozet le gros recueil, publié en la même année, par Jean du Tillet, sieur de la Bussière, protonotaire et secrétaire du Roy, greffier de son Parlement : *Recueil des Roys de France, leur couronne et maison..... plus une chronique abrégée....* (Paris, 1613, 2 vol. in-4°).

Histoire catholique où son tdescrites les vies, faits et actions héroïques et signalées des hommes et dames illustres qui par leur piété ou sainteté de vie se sont rendus recommandables dans les xvie *et* xviie *siècles, divisée en quatre livres,* par le R. P. Hilarion de Coste, *religieux de l'Ordre des Minimes de saint François de Paule* (Paris, 1625, 1 vol. in-folio).

Les éloges et vies des reines, princesses, dames et demoiselles illustres en piété, courage et doctrine qui ont fleury de nostre temps et du temps de nos Pères avec l'explication de leurs devises, emblèmes, hyérogliphes et symboles (Paris, 1630, 1 vol. in-4°), par le même.

Le parfait ecclésiastique ou l'histoire de la vie et de la mort de François le Picart, seigneur d'Ailly et de Villeron, docteur en théologie de la faculté de Paris et doyen de Saint-Germain l'Auxerrois, avec les annotations et les preuves tirées de plusieurs bons autheurs, histoires, titres, arrests de la cour de Parlement et épitaphes, et les éloges de quarante docteurs de la même sacrée faculté, par le même. Paris, 1558, 1 vol. in-12.

Les œuvres du divin Saint Denis Areopagite, evesque d'Athènes, et depuis apostre de France et premier evesque de Paris, traduites du grec en françois par Fr. Jean de Saint François, *prieur des Fueillantins de Paris, avec une apologie pour les œuvres du mesme autheur.* Paris, 1608, 1 vol. in-12.

Histoire des Papes, par feu M. Duchesne, *vivant conseiller du Roy en ses conseils, historiographe de France, et depuis revue, corrigée et enrichie de leurs potraits au naturel et de leurs épitaphes,* par François Duchesne, *son fils, advocat en parlement, aussi historiographe de France,* Paris, 1653, 2 vol. in-folio.

Les ouvrages particulièrement relatifs à certains papes sont assez nombreux : J'en compte 9 pour Pie VI et 3 pour Pie VII.

Paraphrase sur les épitres de Saint Paul et sur les épitres cano-

niques avec la vie du même Saint par Antoine Godeau, *évêque de Vence.* Nouvelle édition, revue, corrigée, augmentée et changée en divers endroits, Paris, 1650, 1 vol. in-4º.

Indiquons une *Vie de l'apôtre Saint Paul* publiée isolément par le même prélat (Paris, 1651, in-12). Godeau surabonde dans la bibliothèque de Mlle Gonin. M. R. Kerviler, dont j'ai cité tout à l'heure la *Bibliographie*, a formé une très belle collection des publications des anciens académiciens. Je ne sais si chez le fervent bibliophile breton sont réunis autant d'ouvrages de l'évêque de Vence. Je n'en compte pas moins de 14, en y comprenant le *Saint-Augustin* et le *Saint-Paul* déjà mentionnés. Voici les autres : *Paraphrase des Psaumes de David* (Paris, 1686, in-12) ; les *Tableaux de la Pénitence*, 3ᵐᵉ édition, Paris, 1662, in-4º ; les *Eloges des Evesques*, Paris, 1665, in-4º ; *Homélies sur les dimanches et festes de l'année* (Lyon, 1697, in-8º) ; *Discours sur les Ordres sacrés* (Paris, 1658, in-12) ; *Eloges historiques des Empereurs, des Roys, des Reynes*, etc, Paris, 1667, in-4º) ; *Elévation à Jésus-Christ* (Paris, 1652, in-12) ; *Ordonnances et Instructions synodales*, Paris, 1644, in-8º) ; *Histoire de l'Eglise* Paris, 1680, 6 vol. in-12) ; *Oraison funèbre de Louis XIII prononcée dans l'église cathédrale de Grasse* (Paris, 1644, in-4º); traduction du traité de l'*Amour de Dieu* de Saint Bonaventure (Paris, 1712, in-12), traduction omise dans le *Catalogue* [rédigé par l'abbé d'Olivet] des *Œuvres laissées par les Académiciens*.

La doctrine des mœurs, tirée de la philosophie des Stoïques, représentée en cent tableaux et expliquée en cent discours pour l'instruction de la jeunesse, par Marin le Roy de Gomberville, Paris, 1646, in-folio.

Les Histoires d'Hérodote, mises en françois par Pierre du Ryer, *de l'Académie françoise, conseiller et historiographe du Roy,* seconde édition, revue, corrigée et augmentée d'annotations en marge. Paris, 1658, 1 vol. in-folio.

Les délices de la mort par le sieur de La Serre, *historiographe de France*, Rouen. 1631, 1 vol. in-12.

La Gallerie des femmes fortes, par le R. P. Pierre le Moine, *de la Compagnie de Jésus,* Lyon. 1667, 1 vol. in-12, et *La Dévotion aisée,* par le même, seconde édition, Paris, 1668, 1 vol. in-12.

L'église métropolitaine et primatiale Saint André de Bordeaux, par Hierosme Lopez, *chanoine théologal de cette église et docteur régent en théologie dans l'Université de Bordeaux.* Bordeaux, 1668, 1 vol. in-4°.

On sait combien est grande la rareté de cette édition. On sait aussi quelle valeur elle conserve, malgré la nouvelle édition « annotée et complétée » que vient de donner de l'ouvrage de Lopes, M. l'abbé Callen (Bordeaux, Feret, 1882-84, 2 vol. in-8°).

Traité des études monastiques, par Dom Mabillon, seconde édition, revue et corrigée, Paris, 1692, 2 vol. in-12.

La bibliothèque de Mlle Gonin possède deux autres ouvrages de Mabillon, la *Lettre sur le culte des saints inconnus* (Grenoble, 1698, 1 vol. in-12) et la *Mort Chrestienne* (Paris, 1702, 1 vol. in-12). Puisque nous en sommes aux Bénédictins, ajoutons que divers ouvrages de Dom Luc d'Achery, de Dom Jacques Bouillart, de Dom Félibien, de Dom Ruinart, y sont voisins de ceux de leur illustre confrère. Ajoutons encore que quelques-uns de nos Bénédictins contemporains, Dom Chamard, Dom Guéranger, Dom Piolin, ont été admis auprès de leurs glorieux devanciers.

Examen et discussion critique de l'Histoire des diables de Loudun, de la possession des Religieuses Urulines et de la condamnation d'Urbain Grandier, par M. de la Menardaye, Paris, 1647, 1 vol. in-12.

Voltaire a prétendu que l'auteur a surtout prouvé qu'il n'était pas sorcier lui-même. L'épigramme n'empêche pas le recueil d'être bien curieux et l'on permettra sans doute à l'éditeur d'*Un document inédit sur la mort d'Urbain Grandier* (Paris, 1879), de saluer ici avec quelque sympathie un devancier qui, de son côté (voir sa *Préface*), a signalé, en exact bibliographe, tous les travaux antérieurs au sien.

Le bouquet de myrrhe de l'amante sacrée, composé des douleurs de la passion de N. S. J. C., recueillie des quatres Évangélistes. Dédié à MM. les Pénitents noirs de Sainte Croix de Tolose, par E. Molinier, *Tolosain,* Tolose, 1643, 1 vol. in 8°.

Le lys de Val de Garaison ou l'histoire de N. D. de Garaison et des miracles qui s'y sont faits, composée par M. Etienne Molinier, *prêtre, docteur en théologie, en droit civil et canon, et desservant de la chapelle de Garaison,* Tolose, 1646, 1 vol. in-12.

Citons un livre d'un autre Toulousain sur un autre lieu de pèlerinage ; *Histoire de N.-D. de Mont Serrat avec la description de l'abbaye et des hermitages par le* R. P. Dom Louis Montegut (Toulouse, 1739, in-12). Citons encore l'*Histoire de la sainte Chapelle et des miracles de N.-D. de Buglose* [par M. Mauriac, lazariste]. Bordeaux, 1727, 1 vol. in-12.

Histoire chronologique de l'église, évêques et archevêques d'Avignon, par François Nouguier, Avignon, 1659, 1 vol. in-4°.

La vie et le martyre du docteur illuminé le bienheureux Raymond Lulle, avec une apologie de sa sainteté et de ses œuvres contre le Mensonge, l'Envie et la Médisance par M. Perroquet, *prestre,* Vendosme, chez Sébastien Hyp. imprimeur de S. A. Monseigneur le duc de Vendosme, 1667, petit in-8°.

Ouvrage de toute rareté. L'*Approbation* des examinateurs-docteurs d'Aix, du 29 septembre 1665, imprimée à la fin du volume, nous apprend en ces termes à quelle région de la France appartenait le bibliographe de R. Lulle : « Cette apologie faite par M. Perroquet, prestre *du diocèse de Carpentras*, est très fidèle et remplie en toutes ses partie d'une doctrine aussi orthodoxe que curieuse et utile. » L'abbé Perroquet a été oublié par le Dʳ Barjavel dans son *Dictionnaire biographique et bibliographique du département de Vaucluse* (Carpentras, 1842, 2 vol. grand in-8°).

La Clef du pur amour ou la manière et le secret pour aimer Dieu en souffrant, pour toujours aimer en toujours souffrant par Alexandre Piny, *docteur en théologie, de l'ordre des Frères Prêcheurs.* Lyon 1685, 1 vol. in-18.

Le *Moréri* de 1759 déclare que ce religieux fut « plus distingué encore par la sainteté de sa vie que par ses ouvrages. » A la famille du Père Piny appartenait Mʳ Elzéar Pin, mort récemment membre du Sénat et qui était un agréable poète, un bibliophile raffiné. C'était l'oncle d'un autre poète, d'un autre bibliophile de grand mérite et de grand renom, M. Léon de Berluc Perussis, un des plus aimables de tous les provençaux dont Peiresc — qu'il en soit à jamais béni ! — m'a fait gagner la précieuse amitié.

Annales de la Sainte Église d'Aix. A. Monseigneur l'Eminentissime cardinal Grimaldi, son Archevesque, avec les dissertations historiques contre M. Launoy, docteur de Paris, par M. Jean Scholastique Pitton. Lyon, 1668, 1 vol. in-4°.

Les nouvelles fleurs des vies des Saints du R. P. Ribadeneira. Lyon, 1608, 1 vol. in-folio.

Traité de la perfection du chrestien, par le cardinal de Richelieu. Paris, 1646, 1 vol. in-quarto, avec magnifique frontispice.

Sous le livre de Richelieu, citons un livre sur lui : *L'Histoire du cardinal duc de Richelieu par le sieur Aubery, avocat au Parlement et aux Conseils du Roy.* Paris, 1660, 1 vol. in-folio, avec portrait. Citons encore un ouvrage bien important sur un autre grand cardinal : *Les ambassades et negotiations de l'Illustrissime et Reverendissime cardinal du Perron, archevesque de Sens, etc., avec les plus belles et eloquentes Lettres tant d'Estat et de doctrine que familieres qu'il a escriptes sur toute sorte de subjects aux Roys, Princes, Princesses, Ducs, Republiques, grands Seigneurs et autres de diverses qualitez, et celles qui luy ont esté adressées de leur part. Ensemble les Relations envoyées au Roy Henry le Grand des particularitez des Conclaves où il s'est trouvé à Rome pour la création de divers Papes, recueillis et accompagnés de sommaires et avertissemens, par* César de Ligny, *secrétaire dudit Seigneur.* (Paris, 1633, 1 vol. in-4°, 4ᵉ édition, augmentée.)

La Terre Sainte ou description topographique très particulière des Saints lieux et de la terre de promission avec un traité de quatorze nations de différentes religions qui l'habitent, leurs mœurs, croyances, ceremonies et police, un discours des principaux points de l'Alcoran et ce que les Santons leur preschent dans les Mosquées, l'histoire de la vie et mort de l'Emir Fecherddin, prince des Druses et une Relation véritable de Zaga Christ, prince d'Ethyopie, qui mourut à Ruel, près Paris l'an 1638, (1) *le tout enrichi de figu-*

---

(1). — Ce prétendu prince d'Ethiopie, dont il est fait mention dans les lettres de Guy Patin, était un imposteur. Voir le roman publié sous le nom de sieur de Rechac, par le P. Jean de Sainte-Marie : *Les estranges évenemens du voyage du Serenissime prince Zaga-Christ d'Ethiopie, issu de la lignée de David et de Salomon, fils de l'empereur Jacob, appelé communément le Preste-Jan*, etc. (Paris, 1635, petit in-4°. Autre édition, même lieu et même année, in-4°.)

res par F. Eugène Roger, *Recollet, missionnaire de Barbarie.* Paris. 1664, 1 vol. in quarto.

Les autres livres de Mlle Gonin sur le même sujet sont : *Le pieux Pelerin au voyage de Jerusalem...... le tout remarqué et recueilli par le* R. P. Bernardin Surius, *recollet, président du Saint Sepulchre et commissaire de la Terre-Sainte* (Bruxelles, 1666, 1 vol. in-4º); *Histoire et Voyage de la Terre-Sainte où tout ce qu'il y a de plus remarquable dans les Saints Lieux est très exactement décrit, par le* P. Jacques Goujon, *religieux de l'Observance de Saint-François, cy-devant supérieur du Saint-Sepulchre* (Lyon, 1680, 1 vol. in-4º); *Relation historique d'un voyage nouvellement fait au Mont de Sinaï et à Jerusalem, par le sieur* A. Morisson, *chanoine de Bar-le-Duc et chevalier du Saint-Sepulchre* (Toul, 1704, 1 vol. in-4º) ; *Voyage nouveau de la Terre-Sainte, enrichi de plusieurs remarques particulières qui servent à l'intelligence de la Sainte Ecriture, par le* R. P. Naud, *de la Compagnie de Jésus* (Paris, 1726, 1 vol. in-12).

La Morale de Salomon, contenant les Proverbes, l'Ecclésiastique et la Sagesse, paraphrasez en françois, par Madame Marie Eléonore de Rohan, *abbesse de Malnuoe.* Paris, 1691, 1 vol. in-12 (avec portrait).

Exercices sacrez de l'amour de Jesus consacré à luy mesme dediez à Monseigneur le cardinal de Sourdis, par le R. P. Severin Ruberic,, *provincial des Recollets de Guienne.* Paris, 1623, 1 vol. in-12, (avec frontispice).

Histoire de l'auguste et vénérable église de Chartres, dédiée par les anciens Druides à une Vierge qui devoit enfanter, tirée des manuscrits et des originaux de cette église, par V. Sablon, *Chartrain.* Seconde édition, revue, corrigée et augmentée. Chartres, 1683, 1 vol. in-12.

Mentionnons un ouvrage qui parut un peu plus de cent ans après celui-là : *Histoire de la ville de Chartres, du pays Chartrain et de la Beauce. Dédié à* S. A. S. *Monseigneur le duc d'Orléans, premier prince du sang, par* M. Doyen (Chartres, 1786, 2 vol. in-8º).

Vie de Saint Thomas de Villeneuve..... recueillie par le R. P. Simplician Saint-Martin, *professeur royal et doyen en l'université de Tolose, avec la relation de l'appareil, pompe et cérémonie observés en sa canonisation à Rome, le premier novembre 1658.* Tolose, 1659, 1 vol. in-12.

Autun Chrestien, la naissance de son église, les Evesques qui l'ont gouvernée et les hommes illustres qui ont été tirés de son sein pour occuper les sièges les plus considérables de ce royaume et les premières dignités de l'Eglise, ses prerogatives et son progrès, par Claude Saulnier, *prevost et chanoine de l'église cathédrale d'Autun.* Autun, 1686, 1 vol. petit in-quarto.

Epistres de Seneque, senateur Romain, traduites en françois par le seigneur de Pressac, *gentilhomme ordinaire de la Chambre du Roy, avec le Cléandre ou de l'honneur et de la vaillance, discours fait par ledit seigneur de* Pressac, *le tout reveu, corrigé et augmenté de vingt autres epistres nouvellement traduictes,* dernière édition. Tours, 1614, 1 vol. in-18.

Le Seigneur de Pressac était Geoffroy de La Chassaigne, natif de Bordeaux, gentilhomme ordinaire de la Chambre du roi Henri III. Il était fils d'Isaac de La Chassaigne, président au Parlement de Bordeaux. La première édition de ses traductions des Epîtres de Sénèque est de 1582 (Paris, Chaudière). La sœur de Geoffroy fut la femme de Michel de Montaigne.

Les sept Trompettes pour réveiller les précheurs et les porter à faire pénitence, par le R. P. Barthelemy Solutive, *Recollet, traduit de l'Italien en françois par le R. P. Fr.* Ch. Jouge, *religieux du même ordre.* Bordeaux, 1682, 1 vol. in-12.

Ordonnances et Constitutions synodales, décrets et règlemens donnez au diocèse de Bordeaux par feu de bonne mémoire Monseigneur le Cardinal de Sourdis, revus, confirmés et augmentés par le très illustre et très révérend Père en Dieu, messire Henry de Chaulteau de Sourdis, *archevesque de Bordeaux et primat d'Aquitaine, redigez en divers titres par commandement de mondit seigneur.* Bordeaux, 1639, 1 vol. in-8°.

L'Abrégé des Annales ecclésiastique de l'éminentissime cardinal Baronius, fait par l'illustrissime et réverendissime messire Henry de Sponde, *evesque de Pamiez, mis en françois par Pierre Coppin, docteur en théologie, curé de Notre-Dame du Val-lez-Paris, conseiller et annaliste du Roy.* Paris, 1655, 2 vol. in folio, (avec portrait). Plus la continuation des Annales par H. de Sponde, traduites par le même abbé Coppin que l'auteur du *Manuel du Libraire* appelle à tort (t. I, col. 664) « le P. Coppin. » Paris, 1654, 3 vol. in-folio.

Le vrai Bonheur ou le Voyage Spirituel de Théophile dans le Sacré désert de la Perfection, représenté en 32 figures en taille douce et en lumières, où sont renfermées les trois vies Purgatives, illuminatives et unitives par sœur VICTOIRE DE SAINT XAVIER, religieuse de la congrégation de *N. D. de Reims*, 1757, 2. vol. in-12.

Quatre livres de l'Estat et Gouvernement de l'Eglise, par M. SIMON VIGOR, conseiller du Roy en son Grand Conseil. Seconde édition, revue, corrigée. Troyes, 1622, 1 vol. in-12.

Tableaux Sacrés de la Vie, Doctrine, Miracle, Mort, Résurrection et Ascension glorieuse de Jésus Christ, pour porter les plus grands pécheurs à la Pénitence et de la Pénitence à une parfaite sainteté représentée au naturel en cent trente figures gravées en taille douce par les plus excellens hommes de ce siècle, avec des réflexions morales et instructions chrestiennes au bas de chaque planche pour servir d'entretien aux âmes dévotes et religieuses dans leurs saintes Méditations et pour appliquer leurs pensées sur le sujet des sermons et exhortations de toute l'année. Paris, 1676, 1 vol. in-f°.

Le *Dictionnaire des Anonymes* ne nous fait pas connaître l'auteur de ce recueil splendidement *illustré.*

Cette liste vient de prendre un développement auquel je ne m'attenda pas. Et pourtant, en la relisant, je constate que j'ai oublié d'y inscrire une foule d'ouvrages du XVII° siècle que l'on recherche beaucoup, par exemple :

L'incrédulité scavante et la crédulité ignorante au sujet des magiciens et des sorciers avecques la réponse à un livre intitulé : Apologie pour tous les grands personnages qui ont esté faussement soupçonnés de magie. [C'est le fameux livre de Gabriel Naudé], par le R. P. JACQUES D'AUTUN, prédicateur capucin, Lyon, 1671, in-4°.

Mlle Gonin a deux autres formidables ouvrages de ce capucin, tous les deux en 2 vol. in-4° : *Les justes espérances de nostre salut* (Lyon, 1649) et *La conduite des illustres pour aspirer à la gloire d'une vie héroïque* (Lyon, 1659).

La dévotion aux Anges, par le R. P. PAUL DE BARRY, de la Compagnie de Jésus. Lyon, 1691, in-12.

La bibliothèque contient six autres ouvrages anciens ou modernes sur les anges. Il y en a bien le double sur la *mort chrétienne* et le triple sur la *confession*. Parmi ces derniers ouvrages, on remarque — comme une montagne entourée de collines — la masse imposante du *Dictionnaire* des cas de conscience de *feu Messire* JEAN PONTAS (Paris, 1734, 3 vol. in-f°).

Les emblèmes sacrés..... en vers françois, par le R. P. BERTHOD (Paris, 1665, in-12) ; *Le bouquet sacré composé des roses du Calvaire, des lys de Bethleem, des jacinthes d'Olivet et de plusieurs autres rares et belles pensées de la Terre-Sainte, par le* R. P. BOUCHER, *minime.* Lyon, 1613, in-12 ; *l'Histoire de la vie et du purgatoire de Saint-Patrice, mise en françois par le* R. P. FRANÇOIS BOUILLON, de l'ordre de Saint-François, bachelier en théologie, Paris, 1651, in-18 ; *Le siège de la ville de Dole, capitale de la Franche-Comté, et son heureuse délivrance descrits par* M. JEAN BOYVIN, *conseiller de* S. M. *en son souverain parlement à Dole,* Anvers, 1638, in-8° ; *L'époux fugitif ou la vie admirable de saint Alexis, composée en italien par le marquis de* BRIGNOLE *et traduite de l'italien en françois par un curieux de la langue italienne,* Paris, 1659, in-12 ; *Le Courtisan prédestiné ou le duc de Joyeuse capucin, par* M. DE CAILLIÈRE, *mareschal de bataille des armées du Roy,* Paris, 1668, in-12 (avec portrait) ; *La vanité combattue et surmontée par la fille forte Jaquette de Bachelier, composé par le* T. R. P. CASIMIR DE TOLOSE, *prédicateur capucin et docteur en théologie,* Béziers, 1678, in-18 ; *La vie du duc de Modène, capucin, ou le triomphe de la Croix sur les attraits de la Souveraineté, par le même,* Béziers, 1674, in-12 ; *Les révélations célestes et divines de sainte Brigitte de Suède.., traduites par* JACQUES FERRAIGE, *docteur en théologie. Dédiées* à Madame la duchesse de Vandosme, Lyon, 1651, in-4° ; *Les insinuations de la divine piété, contenant la vie admirable de la glorieuse vierge sainte Gertrude.., traduites* par le même. Paris, 1623, in-8°.

Jacques Ferraige, appelé ici *Coxeranois*, c'est-à-dire natif du pays de Conserans, est-il aussi inconnu en Gascogne qu'en nos grands recueils biographiques et bibliographiques (*Moréri, Biographie Michaud, Biographie Didot, Manuel du Libraire*, etc.)? S'il en était ainsi, nous devrions à la bibliothèque de Mlle Gonin une petite révélation qu'il faudrait particulièrement signaler à M. Léonce Couture, l'éminent critique auquel je ne cesserai de demander cette histoire littéraire de la Gascogne qui fera sa gloire autant que notre joie.

La vie du Père Baltazar Alvarès, *traduite de l'espagnol par messire* Renê Gaultier, *conseiller du Roy en son Conseil d'Estat*. Paris, 1628, in-8o, lequel Gaultier a aussi traduit de l'espagnol : *La vie de la vénérable mère Anne de Jésus, compagne de sainte Térèse et fondatrice des Carmélites déchaussées en France et en Flandre*. Paris, 1636, in-12 ; *Le saint Concile de Trente, traduit du latin en françois par* Gentien Hervet, chanoine de Reims (déjà nommé), Lyon. 1683. in-12 ; *Vincent de Lérins contre les h résies. Avec deux epistres, l'une de sainct Cyprien, l'autre de sainct Hierosme, par le sieur de* La Brosse, Paris, 1615, petit in 8°.

Cette traduction, excessivement rare (publiée chez Jean de Heuqueville) n'a pas été mentionnée dans le *Manuel du Libraire* où figurent (t. V, col. 1257) deux autres traductions, celle de G. Ruzé (Paris, 1560) et celle de Frontignières (Paris, 1684). Je n'ai trouvé dans aucun de mes recueils le moindre renseignement sur le traducteur de 1615, et je recommande le sieur de La Brosse à tous les bons chercheurs de France et de Navarre.

L'illustre souffrant Job, *poème dédié à* Mgr *de Lyonne par* L. Le Cordier, Paris, 1667, in-12 ; *Considérations sur la vie d'Abraham, par le* P. Le Monnier, Paris, 1671, in-12 ; *l'Explication de l'Apocalypse qui contient les premiers temps et les derniers temps de l'Eglise, par* F. Paul Le Terrier, *chanoine régulier de la Réforme des Prémontrés* (1660, in-12) ; *La vie de M. de Chasteuil, solitaire du mont Liban, par* M. Marchety. *prestre de Marseille*, Paris, 1666, in-12 (bouquin d'une insigne rareté et que l'on ne pourrait se procurer qu'à un prix fabuleux) ; *Histoire de la mort déplorable de Henri IV, roi de France et de Navarre, ensemble un poème, un panégyrique et un discours funèbre dressé à sa mémoire immortelle par* Pierre Mathieu, Paris, 1611, in-folio.

Mentionnons, auprès de la mince plaquette de l'historiographe, un livre singulier intitulé : *Explication de la généalogie du très invincible et très puissant monarque Henri IV.... le tout tiré des histoires très approuvées, tant latines que françoises, italiennes, espagnoles et portugaises*, etc., *par l'estude et labeur de* R. P. F. Joseph Texere, *de l'ordre des Prédicateurs..... traduit du latin en françois, par* C. de Héris, *escuyer, dit Coquerimort* (Paris, 1595, in-4o). Mlle Gonin a rapproché de ces livres si rares un livre très répandu, *l'Histoire du Roy Henry le Grand, par Messire Hardouin de Perefixe, évêque de Rodez* (édition de 1651, Paris, 1 vol in-4). Parmi les autres rois de France, indiquons Saint-Louis, objet de 6 ouvrages, et Louis XVI, objet de 22 ouvrages. Notons enfin huit ouvrages spéciaux sur Marie-Antoinette.

La Madeleine au désert de la Sainte-Baume en Provence, poème spirituel et chrétien par le P. Pierre de Saint-Louis, *religieux carme de Provence*, poème dont un railleur a dit : pour *chrétien*, je l'accorde, mais pour *spirituel*, jamais ! Lyon, 1700, in-12.

On voit dans la collection de Mlle Gonin divers ouvrages en prose sur Marie-Madeleine ; le plus ancien est celui du R. P. Claude Maillard : *La Magdelaine convertie, ou les saillies de l'ame esprise de l'amour de Dieu et du desir d'une vraye conversion, representees dans le tableau de la Magdelaine, aux pieds de Jesus-Christ, chez Simon le Pharisien. Divisées en trois parties : la purgative, l'illuminative et l'unitive* (Bruxelles, 1645, in-4°). Le plus récent est le grand travail de M. l'abbé Faillon : *Monuments inédits sur l'apostolat de Sainte Marie Madeleine en Provence* (Paris, 1859, 2 vol. in-4°). Entre ces deux ouvrages se placent par ordre chronologique deux ouvrages de difficile rencontre : *La défense de la foi et de la piété de Provence pour ses saints tutélaires Lazare et Maximin, Marthe et Magdalène*, par M. Honoré Bouche (Aix, 1663, 1 vol. in-4°), et *l'Histoire de Sainte Marie Magdeleine divisée en quinze chapitres* (Marseille, 1701, in-12). Ajoutons la mention d'un livre spécial sur Saint Lazare non moins rare que les précédents : *L'Apôtre de la Provence ou la vie du glorieux Saint Lazare, premier evesque de Marseille divisée en deux parties....* par Jean de Chanteloup, *escuyer, sieur de Barban* (Marseille, 1684, 1 vol. in-12).

Le Lys sacré justifiant le bonheur de la piété par divers parangons du lys avec les vertus et miracles du Roy saint Louis et des autres monarques de France, d'où ceux qui parlent en public pourront tirer des exemples, des devises et des propos remarquables sur chaque vertu des Roys de France pour l'ornement de leurs discours, outre plusieurs desseins qui se prendront des éloges du Lys amplement déduits en divers endroits de ce livre, par le P. Georges Etienne Rousselet, *de la Compagnie de Jésus* (Lyon, 1631, 2 vol. petit in-4°).

En ce qui regarde la série des livres du xviiie siècle, je ne donnerai que peu d'indications. Il y a là beaucoup de catéchismes en tête desquels l'ordre alphabétique et les préférences patriotiques veulent que je place *les devoirs du chrétien dressez en forme de catéchisme par Monseigneur l'Illustrissime et Révérendissime Père en Dieu* Claude Joly, *évêque et comte d'Agen*.

Citons aussi les *Prônes de Messire Claude Joly, Evesque et comte d'Agen, et auparavant curé de Saint-Nicolas-des-Champs, sur différents sujets de morale* (Paris, 1691, 5 vol. in-12).

En faveur des curés et fidèles de son diocèse, quatrième édition, revue, corrigée et augmentée du traité sur la tonsure, Agen, 1751, in-12.

Les autres catéchismes sont ceux d'Autun, d'Avranches, de Bayeux, de Bazas, de Besançon, de Bordeaux, de Caen, de Cahors, de Cambrai, de Châlon-sur-Saône, de Coutances, de Grenoble, de La Rochelle, de Luçon, du Mans, de Meaux, de Nantes, de Paris, de Rennes, de Sens, de Soissons, de Toulouse.

Énumérons rapidement les *Ordonnances synodales du diocèse d'Aix* (Aix, 1742, in-12), l'*Almanach royal* de 1773, in-8°, les *Psaumes de Dom Antoine, roi de Portugal, ou les gémissements d'un cœur contrit et humilié* (Bruxelles, 1741, in-12), l'*Histoire de l'ordre royal et militaire de Saint-Louis*, par d'Aspect (Paris, 1780, 3 vol. in 8°), les œuvres du P. Bouhours et d'un grand nombre d'autres jésuites, ses contemporains.

Notamment les ouvrages du P. Crasset (au nombre de 9, du P. Croiset (au nombre de 5), et, en remontant un peu plus haut, ceux (au nombre de 8) du P. Richeome, surnommé le *Cicéron français*, ce qui est infiniment plus flatteur pour le bon père que pour le grand orateur. Les ouvrages de Louis Richeome sont tous des premières années du xviie siècle (1602, 1603, 1608, 1607, 1611, 1614), excepté ses *Trois discours pour la religion catholique* (Bordeaux, 1597, in-8°).

Les traités du P. Avrillon, religieux minime (j'en ai compté jusqu'à 14), les *Mémoires concernant l'histoire ecclésiastique et civile d'Auxerre* par l'abbé Lebeuf (Paris, 1743, 2 vol. in-4°), la *Collection ecclésiastique de l'abbé* Barruel (Paris, 1791, 13 vol. in-8°), les douze traités divers de l'abbé Baudrand, digne rival du P. Avrillon pour la fécondité ; les œuvres de messire Edme Mongin, évêque et seigneur de Bazas, l'un des quarante de l'Académie française (Paris, 1745, 1 vol in-4°), tous les ouvrages théologiques de l'abbé Bergier, de l'abbé Baudon, etc., les *sentiments d'une âme pénitente revenue des erreurs de la philosophie moderne...* de Besombes de Saint-Genoiz, conseiller à la Cour des Aides de Montauban, traduit du latin par l'abbé C. P..... (Montauban, 1783, 2 vol. in-12), tous les sermons de l'abbé Biroat, l'*Histoire ecclésiastique et civile de la ville et diocèse de Carcassonne*, par le R. P. Bouges, *Religieux des Grands-Augustins de la province de Toulouse* (Paris, 1741, 1 vol in-4°), l'*Histoire politique et littéraire du Quercy, par M. de* Cathala-Coture (Montauban, 1785, 3 vol. in-8°), *l'Histoire générale des auteurs sacrés et ecclésiastiques, par* Dom Remy Cellier (Paris, 1729, 23 vol. in-4°), *l'Histoire de l'abbaye royale de Saint-Denis..., par Dom Michel Félibien* (Paris, 1706, 1 volume in-folio), le *Commentaire sur le traité des libertez de l'église gallicane de M. Pierre Pithou, par M. Pierre Dupuy* (Paris, 1715, 2 vol. in-4°), tous les ouvrages de l'abbé Fleury y compris son *Histoire ecclésiastique* en 36 vol. in-4°, l'*Histoire de l'Abbaye royale de Saint-Germain des Prés..., par* Dom Jacques Bouillart, Religieux bénédictin de la Congrégation de Saint-Maur (Paris, 1724, 1 vol. in-folio), *la Guide des pécheurs composée en espagnol, par le R. P. Louis de Grenade, de l'ordre de Saint-Dominique, traduite de nouveau en françois, par M.* Girard, *conseiller du Roi en ses Conseils, nouvelle édition revue et corrigée* (Paris, 1711, 1 vol. in-8°).

Mentionnons une autre traduction du secrétaire et biographe du premier duc d'Epernon : *Le Catéchisme..... composé en espagnol par le R. P.* Louis de Grenade, *et traduit de nouveau en françois par M.* Girard (Paris, 1672, 4 vol. in-8). Ce même *Catéchisme* figure encore sur les tablettes de M⁽ˡᵉ⁾ Gonin traduit par le R. P. Simon, *Martin*, minime (Lyon, 1659), ainsi que les *Œuvres spirituelles* de Grenade traduites aussi par le même S. Martin (Lyon, 1677, 1 vol. in-folio). Pour épuiser le chapitre du dominicain espagnol, ajoutons que ses *Sermons*, traduits par le chanoine de Reims, Colin (Paris, 1698, 11 vol. in-8°), sont à côté de ses autres œuvres.

L'*Histoire des ordres monastiques, par* Pierre Helyot (Paris, 1714, 8 vol. in-4°), le *nouvel abrégé chronologique de l'histoire de France, par le président* Hénault (Paris, 1768, 3 vol. in-12); le *Journal des choses mémorables advenues durant tout le règne de Henry III, Roy de France et de Pologne* [par Pierre de l'Estoile], Paris, 1621, in-4°; *l'éducation de Henri IV, par M. D. Béarnais* [L'abbé Duflos, censeur royal], ouvrage orné de six figures dessinées par Marillier et gravées par Duflos le jeune (Paris, 1790, in-12); *La vie de saint Irénée, par* Dom Gervaise (Paris, 1723, 2 vol. in-12).

M⁽ˡᵉ⁾ Gonin possède encore de Dom Gervaise : *Vie de Saint-Martin* (1699), *de Suger* (1721), *de Rufin* (1724), *de Saint Paulin* (1743), *de l'abbé Joachim* (1745), *du P. Simon de Gourdon* (1755).

Règles et Constitutions des Religieuses de N.-D. dont le premier établissement fut fait dans la ville de Bordeaux par Mᵐᵉ *de Lestonac* (Bordeaux, 1722, in-12).

Auprès des *Règles* et *Constitutions*, citons la biographie : *Vie de la vénérable mère Jeanne de Lestonnac, fondatrice de l'ordre des religieuses de Nostre-Dame*, par Guillaume Beaufils, *de la Compagnie de Jésus* (Toulouse, 1742, in-12).

L'Histoire de Jeanne d'Arc, par l'abbé Lenglet du Fresnoy (Amsterdam, 1775, in-12).

Mlle Gonin possède aussi la *Jeanne d'Arc* de M. H. Wallon, secrétaire perpétuel de l'Académie des inscriptions et belles-lettres (Paris, 1877, n-4°), volume qui a été admirablement relié par M. Beffre, l'artiste marmandais dont c'est là le chef-d'œuvre. Le nom de M. Wallon me rappelle que, dans la bibliothèque où brille la *Jeanne d'Arc*, ou remarque un certain nombre d'excellents ouvrages contemporains, et, par exemple, le *Saint-Louis* du même savant, les *Moines d'Occident* de Montalembert, *Henri de France* par H. de Pène (1884, in-4°), etc. Mais on peut dire que si les fenêtres de la galerie de Mlle Gonin sont ouvertes toutes grandes sur le xviie et le xviiie siècles, une lucarne seulement est à demi ouverte sur le xixe.

L'Histoire ecclésiastique et civile de Lorraine, par Dom Calmet (Nancy, 1738, 3 vol. in-folio); *l'Histoire de l'église gallicane*, par le P. Longueval (Paris, 1730, 17 vol. in-4°; *l'Histoire des chevaliers de Malthe*, par l'abbé de Vertot (Paris, 1755, 5 vol. in-12); *l'Antiquité de l'église de Marseille et la succession de ses Evêques* par Mgr Henri-François-Xavier de Belsunce de Castelmoron, *évêque de Marseille* (Marseille, 1747, 3 vol. in-4°); *Histoire de la ville de Montpellier*, par messire Charles d'Aigrefeuille, *prêtre, docteur en théologie et chanoine de l'église cathédrale Saint-Pierre de Montpellier* (Montpellier, 1737, 2 vol. in-folio); *l'Histoire de la ville de Paris*, composée par Dom Michel Felibien, *revue, augmentée et mise au jour* par Dom Guy-Alexis Lobineau (Paris, 1725, 5 vol. in-folio).

Indiquons encore sur la capitale de la France, un livre de plus en plus recherché : *Le Théâtre des Antiquités de Paris... par le R.P.* Jacques du Breul, *Religieux de Saint-Germain-des-Prez, augmenté en cette édition d'un supplément contenant le nombre des monastères, églises, l'agrandissement de la ville et fauxbourgs qui s'est fait depuis l'année 1610 jusques à présent* (Paris, 1639, in-8°). Accordons, de plus, une mention honorable un livre rare dont l'auteur porte un nom cher à jamais au Sud-Ouest : *Eloges historiques des evesques et archevesques de Paris*, par M. de Martignac (Paris, 1698, in-4°).

L'Histoire de l'Ancien et du Nouveau Testament avec le fruit qu'on en doit retirer, le tout mis en cantiques sur des airs choisis et autres qui n'ont pas encore paru, *par l'abbé* PELLEGRIN (Paris, 1703, in-8°).

Cette association du théologien et du musicien ne fait-elle pas penser au distique incisif lancé par le poète Remi contre l'abbé qui mêlait sans pudeur les chose profanes aux choses sacrées ?

« Le matin catholique et le soir idolâtre,
« Il dina de l'autel et soupa du théâtre. »

Lettres de piété écrites à diverses personnes, *par l'abbé* DE RANCÉ (Paris, 1704, 2 vol. in-12).

Joignons-y plusieurs autres ouvrages de l'abbé de la Trappe (*De la Sainteté et des devoirs de la vie monastique* (Paris, 1783, 2 vol. in-4°), *Eclaircissements de quelques difficultés*....... (Paris, 1686, in-12), *Conduite chrétienne* (Paris, 1697, in-12), *Conférences et Instructions sur les épîtres et évangiles* (Paris, 1702, 4 vol..in-12). Joignons-y encore *la Vie de Dom Armand-Jean le Bouthillier de Rancé*........ *par l'abbé de Marsollier* (Paris, 1703, in-4°). Ai-je besoin de dire que la bibliothèque de Mlle Gonin renferme les œuvres de Bossuet, de Bourdaloue, de Fénelon, de Fléchier, de Massillon, en un mot de tous les grands orateurs ou écrivains religieux du siècle de Louis XIV ? Quelques-unes de ces éditions sont des éditions du temps, pour Bossuet notamment (années 1678, 1683, 1689, 1691). Le bon Rollin resplendit dans toute sa douce gloire non loin des maîtres de l'éloquence sacrée.

Un Recueil en plusieurs volumes d'Oraisons funèbres (quelques-unes rarissimes) publiées en 1711, 1730, 1740, 1743, 1744, 1752, 1761, 1764.

Voici le titre complet d'une oraison funèbre prononcée par un prélat de la province ecclésiastique d'Auch : *Oraison funèbre de Messire Jean-Louis de Bertier, evesque de Rieux, prononcée dans l'église de Rieux, le 26 juin 1662, en presence de Messeigneurs les Evesques de Lodève, de Saint-Papoul et de Monseigneur le nouvel Evesque de Rieux qui avoit esté sacré la veille et qui officioit pontificalement ce jour-là pour le repos de l'âme de son prédécesseur et oncle, tout le clergé du diocese y assistant, par Messire* GILBERT DE CHOISEUL DU PLESSY-PRASLAIN, *Evesque de Commenge* (Paris, 1662, in-4°). Je tiens à citer encore l'*Oraison funèbre de Messire Claude de Rebé, Archevesque et primat de Narbonne*, *par le sieur* G. D'ALBES, chanoine de Saint-Paul, official métropolitain de Narbonne (Narbonne, 1659, in-4°).

Les *Merveilles de la ville de Rome* (Rome, 1725, 1 vol in-2) ; l'*Histoire de l'église cathédrale de Saint-Paul-Trois-Chasteau...*, *recueillie par les soins du* R. P. LOUIS-ANSELME BOYER DE SAINTE-

Marthe (Avignon, 1710-1731, 2 vol. in4º); *Histoire de l'église catédrale de Vaison, par le même* (Avignon, 1731, 1 vol in-4º); *Traité des superstitions*, par M. Jean-Baptiste Thiers, *docteur en théologie et curé de Vibraie* (Paris, 1741, 4 vol. in-12.

Autre ouvrage de l'original écrivain : *l'Avocat des pauvres qui fait voir l'obligation qu'ont les Beneficiers de faire un bon usage des biens de l'Eglise et d'en assister les pauvres* (Lyon, 1693, in-12).

Histoire de la ville de Toulouse, par J. Raynal (Toulouse, 1759, 1 vol. in-4º); *Réflexions sur la miséricorde de Dieu*, par Mme la Duchesse de La Vallière (Paris, 1731, 1 vol. in-12); *Histoire de la sainte église de Vienne*, par M. C. Charvet., *prêtre, archidiacre de cette église* (Lyon, 1761, 1 vol. in-4).

C'est ici le cas de noter combien de nos villes ont leur histoire dans la bibliothèque de Mlle Gonin. En tenant compte des livres modernes et même récents aussi bien que des livres anciens, on aurait à indiquer, dans une récapitulation générale : *Agen* (abbé Barrère), *Aix* (Pitton), *Alby* (d'Auriac), *Autun* (Saulnier), *Auxerre* (abbé Lebeuf), *Avignon* (Nouguier), (*Besançon* (Dunod), *Bordeaux* (Lopes et abbé O'Reilly), *Carcassonne* (Bouges), *Chalon* (Bertaud), *Chartres* (Sablon et Doyen), *Lyon* (le R. P. Jean de Saint-Aubin, 1666, in-folio et l'abbé Guillon, 1797), *Montpellier* (d'Aigrefeuille), *Nimes* (Léon Ménard), *Orléans* (Fr. Lemaire, 1648, in-folio), *Paris* (J. Dubreul, et Felibien-Lobineau), *Toulouse* (Raynal), etc.

Je m'accuse de n'avoir pas encore parlé des *Bibles* de Mlle Gonin : elle en possède trois complètes : *La Sainte Bible françoise selon la vulgaire latine... avec sommaires..,* par Pierre Frizon, *pénitencier et chanoine de l'église de Reims, première édition, illustrée et ornée d'un grand nombre de figures en taille douce... avec des tables très amples* (Paris, 1621, 3 vol. in-folio); *La Sainte Bible contenant vieil et nouveau testament, traduite du latin en françois par les théologiens de l'Université de Louvain et enrichie de figures en taille douce...* (Paris, 1639, in-folio); *Sainte Bible en latin et en françois, avec des notes littérales, critiques et historiques, des préfaces et des dissertations, tirées du Commentaire de Dom Auguste Calmet, abbé de Senches, de M. l'abbé de Vence, et des auteurs les plus célèbres, ouvrage enrichi de cartes géographiques et de figures, seconde édition, revue, corrigée et augmentée de diverses notes et dissertations nouvelles* (Paris, 1767, 17 vol. in-4º).

Les ouvrages sur la Sainte-Vierge réunis par le zèle pieux de Mlle Gonin sont au nombre de 72. Si l'on y ajoute les ouvrages sur les sanctuaires consacrés à Notre-Dame, ce nombre s'augmentera d'une quarantaine. Les livres sur saint Joseph s'élèvent à 19. Quant aux vies de Saints et surtout aux vies de Saintes, je renonce à les compter.

Sans parler des vies spéciales, Mlle Gonin a réuni dans sa bibliothèque presque tous les recueils généraux ; ceux du P. Giry (Paris, 1683, 2 vol. in-folio), de Godescard (12 vol. in-8°), de MM. Carnandet et Fèvre (1867, 4 vol. in-4°), de Monseigneur Paul Guérin (Bar-le-Duc, 1874, 17 vol. in-8°), etc. Indiquons, de plus, le recueil de l'abbé Corblet : *Hagiographie du diocèse d'Amiens* (1870, 5 vol. in-8°).

Plusieurs des vies spéciales, surtout celles des premières années du XVII° siècle, sont introuvables. Qui donc a jamais rencontré dans une vente, par exemple, *L'image de la noblesse figurée sur la vie de Sainte-Gertrude et de ses parens, histoire ecclésiastique,* par GUILLAUME DE REBREVIETTES, *seigneur d'Escieuvres, gentilhomme* (Paris, 1612, 1 vol. in-12) ?

Il ne me reste plus qu'à écrire le *mot de la fin.* Ce mot, je l'emprunterai à un ami que j'aime comme un frère et dont je n'ai pas le droit de faire ici l'éloge, car il est, en quelque sorte, le maître de la maison. Le jour où M. Adolphe Magen vit tant de bouquins alignés en bon ordre, ainsi que de vieux grenadiers, à l'irréprochable tenue devant un inspecteur général, il dit avec un fin sourire, et en se montrant trop bienveillant assurément pour ma modeste collection, mais strictement juste pour celle de Mlle Gonin : « Comme autrefois Alexandrie, Gontaud, toutes proportions gardées, sera célèbre par ses deux bibliothèques. »

Agen, Impr. V° Lamy.